LA BELDAD DE NEIVA

I0552670

Charles I. Prosper

Primera Edición

Global Publishing Company • Los Angeles, California

LA BELDAD DE NEIVA

Charles I. Prosper

Diseño y portada por Charles Prosper

Ilustración por Oscar Mauricio Córdova Díaz
mao2282@hotmail.com

LIBRARY OF CONGRESS CATALOG CARD DATA

ISBN–13 978-0-943845-76-0

IMPRESO EN LOS ESTADOS UNIDOS DE AMERICA

12   11   10   9   8   7   6   5   4   3   2   1

*Para mi adorada esposa, Angélica. Sin ti, este libro, ni mi felicidad
hubieran sido posibles.*

LA BELDAD DE NEIVA

Charles Prosper nació en Nueva Orleans del estado de Luisiana en los Estados Unidos. Su primera carrera fue de profesor del español en las escuelas secundarias del sur de California en el área de Los Angeles antes de sacar su maestría en psicología.

Había escrito varios poemas exitosos en inglés, pero siempre tenía la ilusión de hacer una colección de poemas en español. Encontró su inspiración.

En 2018, llegó a Colombia donde conoció su futura esposa, María Angélica Espinosa Afanador. A través de una relación de años de larga distancia y varias visitas periódicas a Neiva para estar con su amada, se casaron el 6 de julio de 2021 en Colombia.

Esta colección de poemas refleja su amor y pasión por su esposa y la esperanza de recibirla pronto en los Estados Unidos con una visa de esposa.

Estos poemas son una expresión libre y honesta de lo que siente el hombre enamorado sin remedio de su mujer. Estos poemas hablan sin remilgos del ardor y la necesidad de hacer el amor con la persona a quien uno más ama.

Entonces, prepárate para entrar en el mundo sensual del poeta Charles I. Prosper.

Noches de Pasión

En las noches
de pasión…
por el bosque
de deseo…
se ha visto
desnuda
la beldad de Neiva
cabalgando
a su caballo
negro…
a trancos grandes
y rítmicos
bajo la luz centelleante
de la luna.

Al acariciarle
sus crines azabaches,
apretándole fuerte
con sus piernas
hermosas
acaballa

el lomo musculoso
de su corcel
haciéndole relinchar
con su movimientos
sensuales.

Las posaderas
de ella—
se mueven
al compás
de la grupa
de su animal,
y los dos—
felices—
van galopando
de amanecida
hasta el primer
beso
del sol.

Flor de la Madrugada

Yo te vi
en la faz
de una flor…
y excitada
me despediste
tu olor de la madrugada.

Entre tus suaves pliegues
y pétalos
escurría lentamente el
rocío—
que me llamaba
arrobado
a olerte.

De tener la dicha
de la abeja
que probaría
tu néctar—
sería toda la dicha
que yo

querría tener.

Estar Dentro de Ti

Con un susurro
me conviertes en
una brisa invernal—
y con esos mismos labios,
me inhalas,
y voy corriendo demente
y extasiado
por el calor de tu cuerpo femenino
a conocer los
secretos
de la materia prima
de tu asombrosa sensualidad;
estremeciendo, me confundo con
ella—
y al punto
conozco
que al estar
dentro de ti
el cuerpo exterior—
sobrando sale.

¿De Este Mundo?

No digas que
de este mundo
vienes—
con esas manos mágicas,
que al tocarme,
me estremecen—
como las cuerdas
de un arpa—
pero la música
que evocan—
son de mis trémulos
gemidos de pasión.

No digas que
de este mundo
vienes—
con esa cabellera
de azabache—
que cae en
rizos y crespos hermosos
sobre tus hombros

y espalda—
que hace que
te asemejes
a una diosa mitológica
de antaño.

No digas que
de este mundo
vienes—
porque tú eres
un sueño—
que ha tomado
forma humana.

Mas sin embargo—
sueño o humana
soy tuyo
y tuyo te seré—
y te seguiré
a cualquier
plano—
o a cualquier
dimensión

en la cual
tú habitarás.

De Los Dos

Dos almas
en llamas
con un
beso
se confunden.

Dos cuerpos
temblorosos
con un abrazo
se unen.

Gemidos
y suspiros
reverberan
los sonidos
apasionados
y explosivos —
de los dos.

Jinete de la Noche

Me acaballas
en el silencio
de la noche —
tú, mi divina
jinete —
y yo, tu corcel
de
sumisión.

Me aguijoneas
con un movimiento
placentero
de tus
caderas.

Y voy galopando
glorioso
en tus manos —
por el espacio
sideral
del éxtasis.

Tu Llegada

El silencio
absoluto de la casa
reverbera
en murmullos
tu nombre.

Las paredes
me miran
con lástima
a sabiendas
que todavía
tú no estás aquí.

Al entrar,
me sigue el clamor ruidoso
de mis pasos
sonando
la madera pulimentada
del piso;
se burlan de mí,
cuchicheando

que pronto estallaré
en un llanto.

Pero nada
saben
estos trasgos y duendes
de aquí
adentro.

Una noche
serena y plácida,
allá fuera
en el jardín
de enfrente,
sentí
la presencia
de una flor —
una flor que llevaba
la fraganica tuya —
una flor que olía a ti.

Y con la
brisa perfumada

de esta flor,
a su vez,
se oía
un susurro sutil —
¡Pronto estaré, mi amor!
¡Pronto estaré!

Omnipresencia

Aunque la
distancia
no separa ,
el amor
nos une —
dondequiera
que estemos...

Si de la tarde
en una brisa
escucharás
un susurro
— Te amo —
sabrás que
te susurro yo.

Si en las playas
cuando
alcanza la
blanca espuma
del agua

a acariciar
tus pies...
sabrás que
en ella...
te acaricio yo.

Si aquel pájaro
que te canta dulce
cada mañana
te despierta
de un sueño
de nosotros —
sabrás que
en ese pájaro...
te canto
yo.

Mi Dicha – Eres Tú

Tu cabello
negro
largo, crespo
y majestuoso
corona
tus hombros
con la sobernía
de una reina
que eres tú...

Tus ojos negros
con sus pupilas
semi-transparentes
parecen
reflejar
la superficie
de un largo.

Tus labios
sensuales
que sonríen...

me invitan
a los placeres
indescriptibles
de tus
besos.

Tu tibio aliento
que siento
en mi pecho
mientras duermes
en la noche
enciende
todas las pasiones
de mi
corazón.

Mujer de
magia...
Mujer de
maravillas...
dichoso
soy yo —
que mía

eres tú...

En Sueños

Yo he escuchado
hablar
de ti —
de las
mujeres celestiales
de luz
que sólo
visitan
al hombre
dichoso
en sueños...
con su belleza
incomparable —
superior
a todas —
las de esta
Tierra.

Ahora te veo
en un sueño
de día...

¿O será de noche?

Me siento
suspendido
entre la duda
de dos dimensiones —
¿la del día, o
la de la noche?

En cualquiera
de las dos
en este momento
que yo esté
vagando —
al haberte conocido,
no me quiero despertar
de ninguna
de las dos.

De Mujer

Desnuda
te levantas
de la cama
y dejas en
las tibias
sábanas
el vaho
femenino
de mujer.

Extasiado —
olisqueo
el lugar
donde dormías
toda la
noche.

Pudiera
que fuese
yo —
esa dichosa
cobija de noche
impregnada
con
el olor delicioso
de esposa
trasnochada
por el amor.

Los Olores

¿Por qué
los olores
son
de mujer
tan deliciosos?
de cabello
perfumado...
de boca
excitada...
de piernas
encerradas...
en prendas
de encaje.

Me embriagas,
mujer mía,
con tu
elixir almizclado
que exhudas —
libremente
en las noches

de pasión.

Te Ven

Yo sé que
te tienen
en su
punto de mira
cuando
contoneando
caminas
por la
calle.

Como pantera
salvaje
en celo,
tus movimientos
hipnotizadores
alborotan
al hombre inocente
no
preparado
para ti.

Tu belleza
incomparable
de mujer
enciende
las pasiones
de aquellos
que osan
creer tenerte.

Pero prefiero
que te deseen
sin remedio —
sí, sin remedio
porque yo
te tendré
total —
en alma y
en cuerpo y
en espíritu.

Me Invitas

Mujer desnuda
que acostada
me esperas
a pierna...
semiabierta
invitándome
a tu
ara sagrada
de placeres.

Tu rocío
de la mañana
humedecida deja...
la olorosa flor
del paraíso...
llamándome
a la
entrada
gloriosa
del éxtasis.

Te Esperaremos

Mientras paciente
te espero,
parece
anunciar tu llegada
la naturaleza
a mi alrededor.

Las copas
de los árboles
meciéndose
con el ritmo suave
de la brisa
pregonan
a señas
tu aparición.

Con el primer beso
del sol,
los pájaros
del amanecer
cantan con

la algarabía
de saber de
una noticia especial.

Cuando la fuente
del jardín
brota su agua —
las gotas
que caen
suenan
como notas musicales,
provocando
una danza de peces —
nadando en círculos
de regocijo.

¿Qué es lo que
todos me quieren decir?

Si saben
que pronto estarás...
¡qué alegría, mi amor!
¡Qué alegría!

¿Qué Más Hago?

Jadeo —
porque
me obligas
a jadear.

Sudo —
porque
me exiges
el sudor.

Tiemblo —
porque...
¿qué más hago
entrelazado
totalmente
contigo?

Me entrego,
y te doy
todo
lo que me pides.

Y al darte
lo que llevo
adentro —
tú me das a mí
la entrada
a un
cielo
de otro mundo.

Candente

Hacer el
amor
contigo
es hacer
el paraíso
contigo.

Cuando nuestros
dos cuerpos
se unen,
se confunden
dos almas
en llamas.

Un fogón delicioso
corre
de en medio
de mi pecho
para abajo.

De mis caderas,

me agitas
con tu fuerza
femenina —
y de repente
se explota
en llamaradas
un volcán de
lava y fuego.

El Beso Final

El beso
de la muerte
siempre
nos aguarda
en la
sombra
del futuro
sin saber
a cuál
de los dos
nos tocará
primero.

Si yo me voy
antes
que tú,
te esperaré
en los umbrales
del Más Allá.

La vida

es tan
tenue y diáfana
como las
nubes
que atraviesan el cielo
que se disipan
con un soplo
repentino
del viento.

Sin preocuparme
por la partida final,
viviré cada día
y
cada momento contigo —
como si hoy
fuera
la última oportunidad.

La Vida Eres Tú

Yo no temo
la muerte.
Temo
la vida
sin ti.

La vida eres tú —
el amor,
la felicidad, y
el regocijo —
aquellos anehlos trascendentales
que todos bucamos,
y pocos encontramos.

Lo he encontrado
todo
contigo.

Y viviré
cada día
sin temor a nada

tomando felizmente
de la copa
de la eternidad.

Dormida

Te miro
mientras duermes
con boca
semi-
abierta
respirando levemente
al compás
de la serenidad
de la noche.

¿Qué soñará
mi angel
en su
dulce reposo?

¿Estará tejiendo
las travesuras
y aventuras
que me deleitarán
de día?

¿Estará visitando
los planos
astrales donde
habitan los
seres celestiales
de luz
que la aconsejan
en los secretos
de mi felicidad?

Será por eso
que cuando
despiertas, mi amor,
tus ojos brillan
felices
como los astros luminosos
del cielo.

Tu Presencia

Por la puerta
entras tú,
y bailan
los átomos del hogar.

Se cambia
de repente
el semblante
anterior
de todo adentro.

Las plantas
se yerguen
anticipando
tus atenciones.

Las paredes
sonríen y
vibran
con una nueva vida.

Los muebles se alegran
esperando
tus manos a pulirlos
como se espera se acaricie
a una mascota consentida
de la casa.

Por dondequiera
que andas,
dejas tu estela
de luz en el camino.

Tu presencia
ha creado
el orden
cuando antes que llegaras
el caos reinaba
en tu ausencia.

Sazón

¿Quién soy yo?
¿Un rey?
Ahora me pregunto —
con esta suntuosa comida
que me sirves
con tanto detalle.

La sazón
de tu amor
se siente
en el aroma
de tus guisos
de pollo, papa y tomate.

El paladar y
la lengua
se hacen amantes
con una salivada calentura bucal.

Banquete y festín
me ofreces tú

cada vez que me siento
en mi regia silla
del comedor.

Mis Domingos Mañaneros

Entre sábanas
arrugadas,
me despierta
el primer rayo
de sol
que en mi cara
cae
con haces de luz
por entre
las hendiduras de las persianas
de la ventana.

Solo —
me volteo a ver
vacío
el lugar de la almohada
donde acuestas
tu hermosa cabeza
llena de
largos rizos negros
y crespos

que brillan
sobre
tus hombros
de piel morena.

Estás allá
lejos —
y tu llegada
pronto espero
de nuevo
a perfumar
la cama
con tu glorioso
olor a mujer.

El Clóset

Ya estás aquí
de nuevo.
¡Es innegable!

Abro el clóset y
de inmediato
me llega el rico olor
de mujer —
de batas transparentes,
de vestidos coloridos,
de blusas de tafetán,
y de zapatos de cuero.

Todo allí adentro
está perfumado
oliendo
deliciosamente a ti.

Qué maravilloso
es
de tener la magia

de una esposa
como tú
vivificando la casa
con
su portentosa
presencia femenina!

La Flor del Jardín

¿Cuál es el
cuchicheo
de las flores
del jardín?

Cada una
se despliega sus pétalos
coloridos y espléndidos
orgullosamente
al sol.

Se compiten
entre sí
para ver
cuál de ellas
me atraerá a mí
primero
para oler su fragancia sensual.

De pronto
se quedan calladas y

paralizadas
al ver
la aparición
de una nueva flor
tan bella
que nunca
antes haberse
visto.

Se quedan
anonadadas —
al verte
aparecer
a ti.

Que Fuera

Si fuera la brisa,
en susurros
te cantaría
un himno
de mi amor por ti.

Si fuera
el océano,
te invitaría
a nadar en mis aguas
para bañarte el cuerpo
desnudo.

Si fuera de noche
una estrella,
yo brillaría más fuerte
que las otras
para que me encontraras
admirándote
arrobado en el firmamento.

Pero como hombre
soy yo,
te amaré
como tal
en cuerpo, en alma,
y en espíritu.

Recíbeme

Recíbeme
es lo que
yo te quiero decir
al verte de pie
delante de mí
con tus contornos y curvas
de cintura a cadera.

Recíbeme
es lo que
te declaro
al verte
esbozar una sonrisa
seductora
hacia mí.

Recíbeme
es lo que
te imploro
al saborear
tus labios

deliciosos
que me despiertan
toda una pasión
de tenerte.

La Magia

La magia
de una mujer
son
besos tiernos en la mejilla
mientras uno descansa
en un sofá
después
de un día laborioso
de trabajo.

La magia
de una mujer
es tener los
calzoncillos y camisetas
doblados
perfectamente
en los cajones
del dormitorio.

La magia
de una mujer

es un baño
limpio
oliendo a lavanda
mientras
por la ventana
va traspasándose
el sol.

Las mujeres
de magia
son las mujeres
como tú —
y son los regalos
más divinos
al hombre afortundado
de las manos
cariñosas
de Dios.

A Correr

Emocionada
me subes al carro
para darme
una sorpresa
de noche.

Con la palanca firme
en la mano,
arrancas bien
el vehículo.

Aceleras mucho
en el camino
haciendo que ruja
el motor.

Yo sé
a donde me llevas.

Me vas subiendo
por la montaña —

a que extasiado
termine yo
entre luces y estrellas
del amanecer.

Sin Palabras

Tus ojos me dicen
lo que arde en
lo más profundo
de tu pecho.

Tu respiración
se mueve
al compás de
tu deseo.

Tu boca se abre
sin que me digas
alguna palabra necesaria —
para comprenderte.

Me llamas
a tus brazos,
y me someto
a las brasas
de tu pasión.

Hija

Cuando caminas
por la tarde,
la brisa
sopla fuerte,
pasando sus dedos
de viento
por tu
hermosa cabellera negra.

Te rozas de piernas
con los pétalos
de las flores,
y ellas se ponen de celosas
de la lozanía increíble
de tu piel morena.

Ríes,
y la dulce música
que sale de tu
boca
deja a los pájaros

cantando y
tratando
de imitarte.

¿Será
que la belleza tuya
es hija consentida
de la
naturaleza?

Al Barco

Ahora
nos subimos
al barco
a zarpar hacia
nuestro futuro
de felicidad.

Estamos
preparados
para las tormentas
de mar
que nos pueden
sacudir
en el viaje.

Igual habrán
aguas pacíficas y
amaneceres de gaviotas
blancas
volando en cielos azules
saludándonos

con el eco
de sus graznidos
ruidosos.

Estamos preparados
a vivir
todo
lo que nos venga
juntos
hasta llegar
a los muelles
del Paraíso.

Suspendidos en la Eternidad

¿Cuánto podemos vivir
en un día?

¿Cuánto podemos vivir
en una hora?

¿Cuánto podemos vivir
en un momento?

El futuro
nos traiciona
en hacernos
creer
que algo
nos espera
más allá
del momento presente
juntos.

Si voy a besarte,
te quiero besar

ahora.

Si voy a reírme
quiero reírme
contigo
con todo el gusto
de ahora.

Perdonar y comprender
es de ahora.

Ayer es la memoria de algo
solamente
creemos
haberse pasado.

Y mañana
es un sueño ilusorio
como el espejismo
del desierto
que está a lo lejos,
y al acercarnos,
se nos desvanece

ante nuestros ojos.

Cada día,
cada hora,
y cada momento
que yo esté
contigo
es una eternidad,
y no la quiero
desperdiciar.

Tu Presencia

Te encuentro en
los lugares más sagrados
de la vida —
como entre
los suaves pétalos
de una flor.

Te miro
mientras el
rocío transparente
escurre lentamente
por entre
tus pliegues
coloridos.

Si te contemplo
más a fondo,
te puedo mirar
hasta
el cuerpo desnudo
de tus sueños.

Se despide
la reconocible fragancia
de mujer hermosa —
que me llama
irrestiblemente
a olerte más.

Tu presencia
vive en
todo,
y todo lo más divino
y más preciado
vive en ti.

El Vuelo de Dos

Se vieron juntos
dos cometas
atravesar el firmamento
de noche.

Abrían paso
las estrellas
más brillantes
para que
pasaran
estos dos
sin obstáculos.

Así somos
nosotros dos,
en vuelo
por todo el
universo
y por
todos
sus recintos increíbles

todavía no descubiertos.

El Edén de Enamorados

Camino
de la mano contigo,
y el mundo
se despliega
su hermosura
para celebrarnos.

Las hojas del otoño,
con colores de
amarillo y café,
caen
cariñosamente
sobre nuestras cabezas —
su única
forma de saludarnos.

Los pájaros
no se quedan atrás,
y nos brindan
un dulce
cántico de amor.

Miramos a lo lejos
la puesta del sol que
emana
sus rayos dorados
coronando
el cielo de luz.

Caminando
contigo
se convierte
el mundo
en un Edén
de enamorados.

Nuestra Comunicación

Te miro
los ojos negros
y en su reflejo
transparente —
me veo yo.

Yo veo
mi felicidad —
en el brillo
de ellos,
y espero
a su vez
que puedas mirar
la tuya —
en los míos.

Frente a tus labios,
te suspiro,
y respondes
con un hálito tibio
de un suspiro tuyo.

Nuestros corazones
laten
al unísono,
y cuando en
un abrazo
nos unimos
nuestros pechos
el uno encima del otro
se vibran y suenan
con el emocionante ritmo
de nuestro amor.

Me Cuidarás

Sin tu presencia,
mi enfermedad
me pesa
como
un rinocerante
sentado
en mi pecho.

Tú tienes poderes —
sí, tienes poderes
de levantar a
mil rinocerantes
de mi pecho
con el dedo
meñique de tu amor.

Tú me cuidas
como nunca
podría cuidarme
a mí mismo.

Eso es parte
del don portentoso
de ser
una esposa
amorosa.

Mientras tanto,
te escucho
tus palabras
de consuelo
en la noche,
y me cuidaré
por los dos
hasta la distancia
nos deje
de separar.

Tu Llegada

Tengo la visión
de tu llegada
de nuevo en
el aeropuerto
de Los Angeles.

El aboroto
de personas
apretujadas
esperan a
sus seres
queridos entrando
por la puerta
al área de recepciones.

Uno a uno
veo a cada viajero
pasar con sus
maletas en la mano
buscando a quienes lo esperan.

De repente —
te veo a ti,
y el camino
de la salida
se convierte
en una pasarela.

Sales tú —
y todo el mundo
se congela —
sin movimiento y sin sonido;
sólo existes
tú.

Sales
con tu hermosa
cabellera negra
crespa y rizada
hasta los hombros,
con tus brillosos ojos
de alegría,
y con tu sonrisa de —
ya estoy contigo,

y ya será —
para siempre.

A la Luz de la Luna

De madrugada,
te contemplo
mientras
duermes
en la luz
de la luna llena
que sigilosamente
traspasa
las ventanas abiertas
de la pieza.

Tu cuerpo desnudo
de azúcar
moreno,
me tienta
a despertarte a besos.

Me acerco más
al calor de
tu espalda y posaderas,
y con un suspiro,

te volteas
a mirarme.

Tus ojos modorros
no ocultan
la pasión
que se ha despertado
de tu sueño.

Y lo que sigue...
sólo escucharán
los ángeles veladores
de la noche.

Están Haciendo Lista

Me despierto
con la sensación
de tus labios
semiabiertos
en mi pecho
chorreándome
babitas tibias
mientras duermes
y respiras
como bebé.

La inocencia
de tu cara
abandonada
en tu mundo secreto
de sueño,
me conmueve
a amarte más
como recuestas
tu mano delicada
en mi hombro.

Hay cierta magia
en contemplar
a una mujer hermosa
dormida.

Se pone uno a pensar,
si están haciendo
lista de los ángeles
en el cielo,
obviamente
se les escapó uno,
porque aquél
que se les escapó
está
aquí
conmigo.

La Reincarnación

¿Qué ha de pensar
de la reincarnación?

Si es así como
se postula,
los humanos
regresan a otras
vidas
en vacas, árboles, y plantas.

¡Qué ridículo me
parece este concepto —
excepto cuando
lo considero al
revés!

Fácilmente
puedo imaginarme
a una rosa roja
que haya exisitido
en otra vida —

poder lograr
regresar
a esta vida
en ti.

Tus Poderes

Tú tienes poderes —
yo juro que sí.

Te paras elegante
con tus manos
en las caderas
y expresas
definitivamente
quién es
la mujer maravilla
original.

Con una mirada tuya,
me hipnotizas
con esos ojos negros
de diosa mítica.

Con un beso tuyo,
me atraes a un
mundo inefable
de placer.

Me abrazas por
los hombros,
y mandas
a mi alma a
doquiera que
tú quieras.

Tus poderes
no son los
de resistir —
son los
de dejarse
llevar al cielo.

En Sueños Te Encuentro

En sueños
te encuentro en planos
celestiales
para vagar
contigo en nuestros
cuerpos astrales
de luz.

Este es el plano
donde nos encontraremos
después de esta
vida —
como si pudieramos
de la vida
separarla.

Nosotros existimos
en un sueño de
Dios
que nos da existencia
dondequiera que

nos queramos
amar.

Exhalaciones Explosivas

Al hablarse
con un beso
sin palabras,
los labios,
con un suspiro,
se contestan al suspiro
del primero.

El lenguaje
de pasión
se entiende y
se expresa
en un coro
de pujidos
y gemidos.

Se vibran
en el aire
los sonidos
del amor
hasta llegar

a la intensidad de
las exhalaciones
explosivas
de los dos.

La Hoguera de Indígenas

Los suaves pechos
van rozándose
y los botones
se yerguen
y se crecen
al punto.

Se acercan
y se unen
dos cuerpos calientes
para encontrarse más
con los latidos sonoros
del otro.

El rítmo
se siente como tambores
de dos indígenas
tocándole fuerte
mientras se entregan a un frenesí
de tribu salvaje,
danzando

en torno
de una hoguera
de pasión.

Te Amo

—Te Amo—
te digo sin palabras
porque mis ojos
no ocultan
el contenido
de mi corazón.

—Te Amo—
te digo con mis manos
que al tocar
la suavidad
de las tuyas —
se tiemblan levemente
de alegría.

—Te Amo—
te digo cada vez
que sonríen mis labios
al escuchar
la dulce música
de tu risa.

¿A Cuál Será?

Allí yaces
abierta
a ofrecerme
un mundo
de éxtasis.

Pudiera que
resistiera la
invitación al
paraíso después
de la discusión
de la noche.

¿Será que me
pidas perdón,
o querrás que
me domines
el espíritu?

Que sea
perdón o

dominio,
me decidiré
después —
y seguramente
entonces
ni me
importará.

Ni Existe el Tiempo Contigo

¿Cuánto tiempo dura
un beso?

¿Cuánto tiempo dura
el abrazo?

¿Cuánto tiempo prolongarán
nuestras vacaciones?

Si se tiene que preguntar,
se ha perdido la
eternidad de la
experiencia
del momento
juntos.

¿De Dónde Vienen?

Las sensaciones
cuando estoy cerca de ti,
¿de dónde vienen?

¿Serán sensaciones
del alma?

¿O sensaciones
del cuerpo?

O ser que el cuerpo
no puede sentir
nada
sin que el alma
manda su
esencia pura
a través de
corrientazos
de placer.

Entonces,

al tocarte,
te quiero tocar
hasta el alma
para que me
alcance
toda la
divina calentura
del más allá.

A Despertarte

El fuego de
mis caderas,
me tiene
en llamas
desde la amanecida
de la luna llena
que traspasa
por la ventana.

¡Cómo duermes! —
tan inerte
e inocente
a mi lado
ofreciéndome sin palabras,
con tu hermosura
incomparable,
una invitación
de despertarte
a un mundo
de deleite indescriptible,
a volar y volar...

por el firmamento
sideral
de la noche.

Respiras
con la calma
de una nena —
y suspiras
con la sensualidad
de una sirena
con tu cabello largo,
negro, y crespo
que cae como
un manto real
sobre
tus hombros y espalda.

¡Debo entrar!

¡Debo tocarte
la puerta!

¡Déjame entrar,

mi amor,
por el portal
de la pasión.

Una Yegua Hermosa

Yo vi a una yegua
hermosa
en un sueño
de noche,
y juro que
eras tú.

Tal vez en
algún plano
o alguna otra dimensión
del tiempo desplazado,
te vi
antes que
llegaras tú
a esta vida.

Yo sí puedo imaginarme
cómo proviniste
del más allá
por medio de
un espíritu puro

de amor.

Eras una yegua divina —
y llegaste acá
en la mujer seductora
de mis sueños.

Antes tenías
los crines azabaches
que después
se convirtieron
en tus largos
crespos
negros.

Antes tenías
una grupa
sensacional
de animal,
y aquí
tienes las posaderas
sensuales
de una mujer.

Pacientemente,
me esperabas
para llegar
a encontrarme
en este mundo
a ser tu jinete
de por vida —
y a cabalgarte
por siempre
a que descubriéramos
las pasiones secretas
de nuestras almas.

Agradecimientos

Quiero reconocer el asombroso talento del artista Oscar Mauricio Córdova Díaz, procedente también de Neiva, Huila, Colombia quien embelleció la portada del libro con una ilustración original de Angélica.

Para cualquier proyecto artístico, es con él que debe comunicarse para poder ver el portfolio completo de sus obras.

La mejor forma de contactarlo es mediante su correo electrónico:

mao2282@hotmail.com